NOVENA A SÃO BENEDITO

Pe. Antônio Lúcio da Silva Lima
(Org.)

NOVENA A SÃO BENEDITO

PAULUS

Textos bíblicos
Bíblia Sagrada – Edição Pastoral, PAULUS

Impressão e acabamento
PAULUS

Conhecendo São Benedito
São Benedito, o santo negro. A vida de São Benedito narrada para o homem de hoje por Cleusa Maria Matos de Barros, 5ª edição, Paulus, São Paulo, 1996.

 Seja um leitor preferencial **PAULUS**.
Cadastre-se e receba informações sobre nossos lançamentos e nossas promoções:
paulus.com.br/cadastro
Televendas: **(11) 3789-4000 / 0800 016 40 11**

1ª edição, 1999
4ª reimpressão, 2021

© PAULUS – 1999

Rua Francisco Cruz, 229 • 04117-091 – São Paulo (Brasil)
Tel.: (11) 5087-3700
paulus.com.br • editorial@paulus.com.br

ISBN 978-85-349-1445-1

5 de outubro

SÃO BENEDITO
O SANTO NEGRO

São Benedito, cognominado o Mouro, ou o Negro, no Brasil, era filho de escravos e nasceu na Sicília em 1526. Manifestou desde os 10 anos uma profunda tendência para a penitência e para a solidão. São Jerônimo de Lanza, vendo como seus companheiros de pastoreio o tratavam mal por causa de sua piedade, chamou-o para o eremitério em que vivia, e ele o seguiu; tinha então 21 anos. Passados alguns anos da morte de São Jerônimo, Benedito dirigiu-se aos Frades

Menores da Observância no Convento de Santa Maria de Jesus, onde foi recebido como irmão leigo franciscano. Depois de três anos vivendo no Convento de Sant'Ana de Giuliana, retornou para Santa Maria de Jesus, onde viveu até a sua morte. No convento dedicou-se a trabalhos humildes, sendo encarregado da cozinha. Realizou Deus aí, por seu intermédio, diversos milagres. Chegou a exercer o cargo de Superior, mesmo não sendo sacerdote, nem sabendo ler e escrever. Foi respeitoso para com os padres, caridoso para com os irmãos leigos, condescendente para com os noviços e foi por todos respeitado, amado e obedecido, sem que ninguém tentasse abusar de sua humildade. Sua confiança na Providência não tinha limites. Dava a seus religiosos o exemplo de todas as virtudes. Era sempre o primeiro em tudo com o seu testemunho de vida. São Benedito tinha manifestamente o dom da ciência infusa, de modo que dava respostas luminosas a mestres em teologia que vinham consultá-lo. Terminando o seu mandato como Superior, voltou novamente a ser cozinheiro. Caiu gravemente doente em 1589, e Deus lhe revelou que seu fim estava próximo. Seu falecimento ocorreu no dia 4 de abril de 1589. Seu culto logo se espalhou pela Itália, Espanha, Portugal, Brasil e México. O papa Pio VIII inscreveu-o no rol dos santos em 1807. É um santo comemorado também no dia 13 de maio, dia da libertação dos escravos no Brasil.

Num mundo como o nosso, e por que não dizer, num país como o nosso, onde o preconceito está arraigado fortemente, temos inscrito no rol dos santos justamente um negro, um escravo. Deus tem o seu modo próprio de conduzir as coisas e não olha para a cor da pele, para a posição social, para a cor dos olhos, para a cor dos cabelos, para os títulos acadêmicos, para os que são sábios somente para as coisas do mundo. E para o nosso espanto e às vezes incompreensão, ele retira da insignificância e do anonimato um modelo de santidade para todos e cada um de nós.

Aprendamos de São Benedito algumas virtudes que são perenes e que estão faltando em nossos dias atuais. Estamos correndo atrás de tanta coisa, que no final perdemos o rumo das coisas que agradam a Deus e que nos ajudam a viver realmente como verdadeiros irmãos. De coração sincero aprendamos dele a ser caridosos, humildes, serviçais e devotos de Nossa Senhora, Mãe de Jesus e nossa.

NOVENA A SÃO BENEDITO

PRIMEIRO DIA

1. SINAL-DA-CRUZ

Em nome do Pai, do Filho e do Espírito Santo. Amém.

2. ORAÇÃO INICIAL

Ó São Benedito, modelo admirável de caridade e humildade, por vosso ardente amor a Maria Santíssima, que colocou seu divino Filho em vossos braços, por aquela suave doçura com que Jesus encheu o vosso coração, eu vos suplico: socorrei-me em todas as minhas necessidades e alcançai-me, de modo especial, a graça que neste momento vos peço..........................

Ó São Benedito, intercedei por mim, que a vós recorro confiante. Vós que fostes tão maravilhoso e pródigo no atendimento aos vossos devotos, atendei a minha súplica e concedei-me o que vos peço. Amém.

3. PALAVRA DE DEUS
A opressão paralisa o povo

"Subiu ao trono do Egito um novo rei que não tinha conhecido José. Ele disse ao seu povo: 'Vejam! O povo dos filhos de Israel está se tornando mais numeroso e poderoso do que nós. Vamos vencê-los com astúcia, para impedir que eles se multipliquem; do contrário, em caso de guerra, eles se aliarão com o inimigo, nos atacarão e depois sairão do país'. Então impuseram sobre Israel capatazes, que os exploravam em trabalhos forçados. E assim construíram para o Faraó as cidades-armazéns de Pitom e Ramsés. Contudo, quanto mais oprimiam o povo, mais ele crescia e se multiplicava. Os filhos de Israel começaram a se tornar um pesadelo para os egípcios. Por isso, os egípcios impuseram sobre eles trabalhos duros, e lhes amargaram a vida com dura escravidão: preparação de argila, fabricação de tijolos, vários trabalhos nos campos; enfim, com dureza os obrigaram a todos esses trabalhos" (Ex 1,8-14).

4. Reflexão

Com medo de que o povo explorado tome consciência da própria situação e se revolte, o poder político lança mão de trabalhos forçados e de pressão psicológica; assim o povo não tem condições e meios de se organizar e se libertar.

5. Ladainha de todos os Santos

Senhor, tende piedade de nós.
Senhor, tende piedade de nós.
Cristo, tende piedade de nós.
Cristo, tende piedade de nós.
Senhor, tende piedade de nós.
Senhor, tende piedade de nós.
Santa Maria, Mãe de Deus, *rogai por nós*.
São Miguel, *rogai por nós*.

Santos Anjos de Deus, *rogai por nós.*
São José, *rogai por nós.*
São João Batista, *rogai por nós.*
São Pedro e São Paulo, *rogai por nós.*
Santo André, *rogai por nós.*
São João, *rogai por nós.*
Santa Maria Madalena, *rogai por nós.*
Santo Estêvão, *rogai por nós.*
Santo Inácio de Antioquia, *rogai por nós.*
São Lourenço, *rogai por nós.*
Santas Perpétua e Felicidade, *rogai por nós.*
Santa Inês, *rogai por nós.*
São Gregório, *rogai por nós.*
Santo Agostinho, *rogai por nós.*
Santo Atanásio, *rogai por nós.*
São Basílio, *rogai por nós.*

São Martinho, *rogai por nós.*
São Bento, *rogai por nós.*
São Francisco e São Domingos, *rogai por nós.*
São Francisco Xavier, *rogai por nós.*
São João Maria Vianney, *rogai por nós.*
Santa Catarina de Sena, *rogai por nós.*
Santa Teresa D'Ávila, *rogai por nós.*
São Benedito, *rogai por nós.*
Bem-Aventurado Timóteo Giaccardo, *rogai por nós.*
Todos os Santos e Santas de Deus, *rogai por nós.*

(Pode-se acrescentar o nome de outros Santos e Santas.)

Sede-nos propício, *ouvi-nos, Senhor.*
Para que nos livreis de todo mal, *ouvi-nos, Senhor.*
Para que nos livreis de todo pecado, *ouvi-nos, Senhor.*
Para que nos livreis da morte eterna, *ouvi-nos, Senhor.*
Pela vossa encarnação, *ouvi-nos, Senhor.*
Pela vossa morte e ressurreição, *ouvi-nos, Senhor.*
Pela efusão do Espírito Santo, *ouvi-nos, Senhor.*
Apesar de nossos pecados, *ouvi-nos, Senhor.*
Jesus, Filho do Deus vivo, *ouvi-nos, Senhor.*
Cristo, ouvi-nos.
Cristo, ouvi-nos.
Cristo, atendei-nos.

Cristo, atendei-nos.
Cordeiro de Deus, que tirais o pecado do mundo, *tende piedade de nós.*
Cordeiro de Deus, que tirais o pecado do mundo, *tende piedade de nós.*
Cordeiro de Deus, que tirais o pecado do mundo, *dai-nos a paz.*
— Rogai por nós, todos os Santos e Santas de Deus.
— Para que sejamos dignos das promessas de Cristo.

Oremos: Deus eterno e todo-poderoso, que nos dais celebrar os méritos de todos os Santos e Santas, concedei-nos, por intercessores tão numerosos, a plenitude da vossa misericórdia. Por nosso Senhor

Jesus Cristo, vosso Filho, na unidade do Espírito Santo. Amém.

6. CONHECENDO SÃO BENEDITO

São Benedito não é apenas o patrono das cozinheiras e das donas de casa. Ele é um verdadeiro santo, alguém que viveu o Evangelho, um modelo de homem livre. Embora analfabeto, ignorante e filho de escravos, sobressaiu a todos. Aconselhou sabiamente doutores, políticos e autoridades de seu tempo. Até sábios e poderosos iam consultá-lo e pedir suas orações, sua intercessão poderosa junto de Deus. Depois de morto, continua até hoje sendo venerado e invocado.

Sua ciência e sabedoria, dons do Espírito Santo, impressionaram a todos. No Brasil colônia, ele não surgiu apenas como ideal, como estandarte de esperança, para o escravo perseguido e maltratado, mas transformou de maneira profunda a situação do negro da época.

Hoje em dia, ele continua a ser uma espécie de canção libertadora, para encorajar a todos os que estão sendo esmagados, sob qualquer tipo de opressão e de jugo, para todos os que anseiam ver os seus valores pessoais reconhecidos e querem dignidade e oportunidades, para si e para seus filhos.

E assim testemunhar ao mundo, por eles mesmos e por todos os seus antepassados sem voz e sem vez, do que é capaz alguém que não teve e não tem outra madrinha senão a própria inteligência, esforço e infinita sede de Deus.

Benedito é a prova e o aval de que isso é possível. Ele deve ser descoberto e colocado como modelo, como meta de libertação, para o oprimido, para o aprisionado pelas grades do mundo. Embora manso, humilde para com todos, foi sóbrio para consigo mesmo, para conquistar o Reino de que falaram Isaías e os outros profetas e depois Jesus Cristo.

Quando as circunstâncias o exigiam, ele também sabia mostrar-se sóbrio para com os outros, sem nunca abandonar seu equilíbrio, e a comunhão com Deus. E para erigir a justiça e a verdade, não tolerava o desamor, o desrespeito ao outro, aos direitos próprios e alheios, ao cumprimento dos deveres.

Ele nos inquieta por causa de nossas omissões, do nosso silêncio culposo, da nossa indiferença, do medo de denunciar injustiças, opressões, discriminações, humilhações. Ele nos inquieta por causa da nossa resignação, acomodação e aceitação passiva daquilo que nos humilha, nos separa e divide e nos aliena.

7. ORAÇÃO CONCLUSIVA

Ó Deus, que em São Benedito, o negro, manifestais as vossas maravilhas, chamando à vossa Igreja homens de todos os povos, raças e nações, concedei, por sua intercessão, que todos, feitos vossos filhos e filhas pelo batismo, convivam como verdadeiros irmãos. Por nosso Senhor Jesus Cristo, vosso Filho, na unidade do Espírito Santo. Amém.

SEGUNDO DIA

1. SINAL-DA-CRUZ

Em nome do Pai, do Filho e do Espírito Santo. Amém.

2. ORAÇÃO INICIAL (cf. p. 13).

3. PALAVRA DE DEUS
O oprimido toma consciência

"Muito tempo depois, o rei do Egito morreu. Os filhos de Israel gemiam sob o peso da escravidão, e clamaram; e, do fundo da escravidão, o seu clamor chegou até Deus. Deus ouviu as queixas deles e lembrou-se da aliança que fizera com Abraão, Isaac e Jacó. Deus viu a condição dos filhos de Israel e a levou em consideração" (Ex 2,23-25).

4. Reflexão

O povo começa a tomar consciência de que é escravo e exprime a sua insatisfação. Esse clamor já é o desejo de uma nova situação. Deus vê a condição do povo e ouve o seu desejo; lembra-se de sua própria aliança de vida e se solidariza com os oprimidos, levando em conta a situação deles. Deus sempre está presente e disponível, mas respeita a liberdade do homem e só age quando invocado. Note-se que essa invocação não precisa ser uma oração articulada; para invocar a Deus, basta o simples desejo de liberdade e vida, que se manifesta como insatisfação dentro de uma situação de escravidão e morte.

5. Ladainha de todos os Santos (cf. p. 16).

6. Conhecendo São Benedito

Deus não faz acepção de pessoas. Tem, sim, predileção pelos pequeninos que se esforçam, que, caindo, se levantam, que, pecando, pedem perdão, que não deixam a oportunidade passar, que se convertem. No Reino de Deus não há distinções semelhantes às que nós fazemos. Muito menos de raça, de cor, de nacionalidade. No entanto, segundo os critérios coloridos dos homens, muitos santos foram negros: Santa Efigênia, São Elesbão e São Benedito... Dentre uns e dentre outros muitos, tantos humildes e ilustres, ignorantes e cultos, louros, amarelos, índios, mestiços, feios e formosos, segundo o critério estético dos homens, o preferido é São Benedito, no Brasil principalmente. Mais uma vez Deus manifestou sua predileção, ocultando a sabedoria, a santidade e a Face aos sábios e doutores e revelando-as aos pequeninos.

7. ORAÇÃO CONCLUSIVA (cf. p. 24).

TERCEIRO DIA

1. SINAL-DA-CRUZ

Em nome do Pai, do Filho e do Espírito Santo. Amém.

2. ORAÇÃO INICIAL (cf. p. 13).

3. PALAVRA DE DEUS
   Objetivo da libertação

"Javé disse: 'Eu vi muito bem a miséria do meu povo que está no Egito. Ouvi o seu clamor contra seus opressores, e conheço os seus sofrimentos. Por isso, desci para libertá-lo do poder dos egípcios e para fazê-lo subir dessa terra para uma terra fértil e espaçosa, terra onde corre leite e mel, o território dos cananeus, heteus, amorreus, ferezeus, heveus e jebuseus. O clamor dos filhos de Israel chegou até mim, e eu estou vendo a opressão com que os egípcios os atormentam. Por isso, vá. Eu envio você (Moisés) ao Faraó, para tirar do Egito o meu povo, os filhos de Israel'" (Ex 3,7-10).

4. Reflexão

Respondendo ao clamor do povo, Deus se alia à causa dele e mostra o objetivo da libertação: o objetivo último e utópico é uma condição de posse total da vida (terra onde corre leite e mel); ao mesmo tempo, é um objetivo próximo e concreto: a posse da terra de Canaã (terra de cananeus...). A libertação, portanto, é um momento histórico e determinado. E a ação de Deus se realiza sempre através da mediação humana (no caso, Moisés).

5. LADAINHA DE TODOS OS SANTOS (cf. p. 16).

6. CONHECENDO SÃO BENEDITO

Muitos Mosteiros rigorosos foram sendo abertos, com santos homens, na mais rigorosa observância da pobreza, da obediência, da castidade, nos rigores da penitência, do sacrifício, da oração. Foi num desses Mosteiros que um dia se encontrou São Benedito, transformando-se aos poucos no mais pobre, no mais obediente, e no mais casto de todos. Não que ele tivesse nascido melhor do que os outros. Mas ele se esforçou, pelo amor que sentia a Deus, em ser cada vez melhor.

7. ORAÇÃO CONCLUSIVA (cf. p. 24).

QUARTO DIA

1. SINAL-DA-CRUZ

Em nome do Pai, do Filho e do Espírito Santo. Amém.

2. ORAÇÃO INICIAL (cf. p. 13).

3. PALAVRA DE DEUS
Aprender a ser livre

"Quando o Faraó deixou o povo partir, Deus não o guiou pelo caminho da Palestina, que é o mais curto, porque Deus achou que, diante dos ataques, o povo se arrependeria e voltaria para o Egito.

Então Deus fez o povo dar uma volta pelo deserto até o mar Vermelho. Os filhos de Israel saíram do Egito bem armados. Moisés levou consigo os ossos de José, pois este havia feito os filhos de Israel jurar solenemente: 'Quando Deus intervier em favor de vocês, levem meus ossos daqui'. Partiram de Sucot e acamparam em Etam, à beira do deserto. Javé ia na frente deles: de dia, numa coluna de nuvem, para guiá-los; de noite, numa coluna de fogo, para iluminá-los. Desse modo, podiam caminhar durante o dia e a noite. De dia, a coluna de nuvem não se afastava do povo, nem de noite a coluna de fogo" (Ex 13, 17-22).

4. Reflexão

Toda mudança exige nova e profunda educação: o deserto será o lugar para aprender e amadurecer a vida em liberdade. Nessa caminhada, Deus está acompanhando continuamente (dia e noite) o seu povo, guiando-o de tal maneira que este não desanime nem volte para trás.

5. Ladainha de todos os Santos (cf. p. 16).

6. Conhecendo São Benedito

Quando criança, Benedito foi pastor de ovelhas. Na idade em que as crianças brincam de aviões, de revólveres, de namorados, Benedito pastoreava suas ovelhas. Mais tarde, mais crescido, foi lavrador. Na idade em que os adolescentes se olham no espelho com ódio das espinhas, penteiam os cabelos e se perfumam para conquistar garotas, estudam ociosos de outra coisa senão estudar, Benedito lavrava a terra. Na vigilância das ovelhas e no cultivo da terra, Benedito arcou com a responsabilidade de ser criança e de ser adolescente. Com 18 anos, geralmente idade das grandes definições, decidiu consagrar-se ao Senhor. Enquanto refletia neste ideal, comprou então uma junta de bois, para lavrar a terra e ajudar mais e melhor seus pais e os mais pobres. Assim, chegou aos 21 anos.

A chamado de um monge, foi viver entre os Irmãos Eremitas de São Francisco. Professou os três votos: pobreza, obediência e castidade, e o de vida quaresmal. Este último voto implicava viver a vida toda fazendo penitência sem mitigação e sacrifícios os mais duros: uma eterna quaresma.

7. Oração conclusiva (cf. p. 24).

QUINTO DIA

1. SINAL-DA-CRUZ

Em nome do Pai, do Filho e do Espírito Santo. Amém.

2. ORAÇÃO INICIAL (cf. p. 13).

3. PALAVRA DE DEUS
O compromisso da aliança

"Três meses depois de saírem do Egito, os filhos de Israel chegaram ao deserto do Sinai: partindo de Rafidim, chegaram ao deserto do Sinai e acamparam no deserto diante da montanha. Então Moisés subiu a montanha de Deus, e Javé o chamou, dizendo: 'Diga à casa de Jacó e anuncie aos filhos de Israel o seguinte: Vocês viram o que eu fiz aos egípcios e como carreguei vocês sobre as asas de águia e os trouxe para mim. Portanto, se me obedecerem e observarem a minha aliança, vocês serão minha propriedade especial entre todos os povos, porque a terra toda pertence a mim. Vocês serão para mim um reino de sacerdotes e uma nação santa. É o que você deverá dizer aos filhos de Israel'. Moisés voltou, convocou os anciãos do povo e expôs a eles tudo o que Javé lhe havia mandado. Então todo o povo respondeu: 'Faremos tudo o que Javé mandou'. E Moisés transmitiu a Javé a resposta do povo" (Ex 19,1-8).

4. REFLEXÃO

O processo de libertação chega ao seu ponto culminante: Deus propõe ao povo livre uma aliança, e o povo aceita livremente. Desse modo, Israel torna-se propriedade especial de Deus. A única autoridade sobre o povo é o próprio Deus; a única função das autoridades humanas será servir à realeza de Deus, fazendo o povo viver de acordo com a justiça e o direito. Por outro lado, Israel inteiro torna-se um povo de sacerdotes, porque não há mediadores entre ele e Deus; todo o povo, por sua vez, torna-se o mediador, que manifesta a presença e a vontade de Deus entre todos os povos.

5. Ladainha de todos os Santos (cf. p. 16).

6. Conhecendo São Benedito

Como eremita, Benedito foi além da simples observância. Procurava se vencer a si próprio e se humilhar diante de Deus, pois um homem, mesmo aquele que nada tenha de que se acusar, sabe sempre que é pecador. Aos poucos, Benedito ficou conhecido em toda a região, devido à sua bondade e santidade. As pessoas iam procurá-lo para ser curadas. E ele ajudou a muitos e atendeu a todos. Benedito fez-se um migrante. Porque possibilitava muitas curas e, por isso, muita gente corria atrás dele. Ele sempre usou os dons e carismas, com os quais Deus o cumulou, com a maior honestidade e santidade. Por isso, pela sua retidão e humildade, cada vez recebia mais graça de Deus e operava mais prodígios. Sempre protestava não ser ele quem curava — o que corresponde à mais límpida verdade, pois é Deus quem cura através dos homens — mas sim Maria Santíssima, que se dignava agir através dele. Deus e a Mãe de Jesus Cristo!

7. ORAÇÃO CONCLUSIVA (cf. p. 24).

SEXTO DIA

1. Sinal-da-cruz

Em nome do Pai, do Filho e do Espírito Santo. Amém.

2. Oração inicial (cf. p. 13).

3. Palavra de Deus

Normas para administrar a justiça

"Não faça declarações falsas e não entre em acordo com o culpado para testemunhar em favor de uma injustiça. Não tome o partido dos poderosos para fazer o mal. E, num processo, não preste depoimento inclinando-se em favor dos poderosos, a fim de torcer o direito; nem favoreça o poderoso em seu processo. Se você encontrar, extraviados, o boi ou jumento do seu adversário, leve-os ao dono. Se você encontrar o jumento do seu adversário caído debaixo da carga, não se desvie, mas ajude a erguê-lo. Não torça o direito do necessitado em seu processo. Afaste-se da acusação falsa: não faça morrer o inocente e o justo, nem absolva o culpado. Não aceite suborno, porque o suborno cega quem tem os olhos abertos e perverte até as palavras dos justos. Não oprima o imigrante: vocês conhecem a vida do imigrante, porque vocês foram imigrantes no Egito" (Ex 23,1-9).

4. REFLEXÃO

Estas leis são aplicações do oitavo mandamento e orientam na administração da justiça em tribunais, onde muitas vezes o poderoso prevalece, torcendo o direito contra o pobre e o inocente. O "adversário" é a pessoa com quem se trava uma causa judicial. A última lei estimula a solidariedade: o povo deve respeitar aqueles que vivem na mesma situação que ele viveu no passado.

5. LADAINHA DE TODOS OS SANTOS (cf. p. 16).

6. Conhecendo São Benedito

Passados 17 anos no deserto, Frei Benedito, por ordem do papa Pio IV, teve de escolher para viver entre um dos conventos aprovados pela Santa Sé. Escolheu os Capuchinhos, cuja regra mais se assemelhava à sua antiga. Foi para o Convento de Santa Maria de Jesus e foi escalado para ser cozinheiro. Mais uma vez, um ofício tido como humilde: pastor, lavrador, cozinheiro. Benedito já era um homem requisitado, perseguido pela multidão em busca de uma cura, de um conselho, de uma oração, de uma bênção. Ele poderia ter dito que era "importante" demais para ser cozinheiro. Ele sabia, porém, que não há homens importantes, nem trabalhos menos importantes. Existe o homem, filho de Deus. Existe o trabalho a ser executado, santificado pelo Filho de Deus, Jesus Cristo, quando ajudou o pai carpinteiro. Toda função é importante porque todo homem é importante, e não apenas algumas funções e alguns homens são importantes.

7. ORAÇÃO CONCLUSIVA (cf. p. 24).

SÉTIMO DIA

1. Sinal-da-cruz

Em nome do Pai, do Filho e do Espírito Santo. Amém.

2. Oração inicial (cf. p. 13).

3. Palavra de Deus
Deus é mistério

"Moisés pediu a Javé: 'Mostra-me a tua glória'. Javé respondeu: 'Farei passar diante de você todo o meu esplendor, e pronunciarei diante de você o meu nome: Javé. Terei piedade de quem eu quiser ter piedade, e terei compaixão de quem eu quiser ter compaixão'. E acrescentou: 'Você não poderá ver o meu rosto, porque ninguém pode vê-lo e continuar com vida'. E Javé disse ainda: 'Eis aqui um lugar junto a mim: fique em cima da rocha. Quando a minha glória passar, eu colocarei você na fenda da rocha e o cobrirei com a palma da mão, até que eu tenha passado. Depois tirarei a palma da mão e me verá pelas costas. Minha face, porém, você não poderá ver'" (Ex 33,18-23).

4. REFLEXÃO

Deus é o mistério longe do alcance humano; mas ao mesmo tempo se torna presente entre os homens. Estes podem experimentá-lo, mas nunca esgotá-lo. O "resplendor de Deus" é Deus agindo com piedade e compaixão onde o homem menos espera.

5. LADAINHA DE TODOS OS SANTOS (cf. p. 16).

6. CONHECENDO SÃO BENEDITO

Frei Benedito foi eleito superior pelos seus irmãos de comunidade, sensibilizados pela sua santidade, prudência e sabedoria. Triste e humilhado, correu para junto de seu superior, a implorar que o dispensasse de cumprir essa ordem. Nada feito. Sendo tão inculto e ignorante das coisas dos homens, Benedito não o era, entretanto, das coisas de Deus. Passou a ser o mais disciplinado, se já não o era, de todos os seus confrades, e governava mais pelo exemplo e pela oração que por qualquer outro meio. Sua presença já era um estímulo para que os outros fossem bons, e melhores. No próprio repreender, Frei Benedito o fazia com tanto amor e cuidado, que o admoestado se corrigia e não mais incidia no erro. Se, por acaso, por algum motivo, repreendia com severidade maior, ou injustamente (como o fez uma vez, levado por falsas informações), pedia perdão com a maior humildade, e diante de todos. Sua vida foi uma autêntica demonstração de Evangelho vivo. Palavra de Deus.

7. ORAÇÃO CONCLUSIVA (cf. p. 24).

OITAVO DIA

1. Sinal-da-cruz

Em nome do Pai, do Filho e do Espírito Santo. Amém.

2. Oração inicial (cf. p. 13).

3. Palavra de Deus
Não se aproveitar da miséria alheia

"Se um irmão seu cai na miséria e não tem meios de se manter, você o sustentará, para que viva com você como imigrante ou hóspede. Não cobre dele juros nem ágio. Tema a Deus. E que seu irmão viva com você. Não empreste dinheiro para ele a juros, nem lhe cobre ágio sobre o alimento. Eu sou Javé, o Deus de vocês, que os tirei do Egito para lhes dar a terra de Canaã e ser o Deus de vocês. Se um irmão seu cai na miséria e se vende a você, não o faça trabalhar como escravo: que ele viva com você como assalariado ou hóspede. Trabalhará com você até o ano do jubileu, e então ele e seus filhos ficarão livres para voltar à própria família e recuperar a propriedade paterna. Eles são meus servos, que eu tirei do Egito, e não podem ser vendidos como escravos. Não o trate com dureza. Tema o seu Deus" (Lv 25,35-43).

4. Reflexão

Esta lei exige a solidariedade com quem está em apuros financeiros, e proíbe aproveitar-se da miséria do outro, que se dispõe a aceitar qualquer trato para aliviar momentaneamente a própria situação. Quem foi libertado por Deus não pode ser escravizado ou explorado por ninguém.

5. Ladainha de todos os Santos (cf. p. 16).

6. Conhecendo São Benedito

As virtudes de Benedito foram todas desenvolvidas com a graça do Senhor no sangue e na cruz, em grau heróico. Em primeiro lugar, a fé, pois sem ela não existiria Benedito, nem santo, nem milagres. Com fé Benedito socorreu doutores e pobrezinhos, ilustres e letrados... Imagem de seu pai São Francisco, Benedito amava a Senhora Pobreza, e assim, vestia-se muito modestamente, com um velho e remendado hábito. Sempre descalço, nada acrescentava, nem uma sandália, quando o frio era tanto, que nevava, nem coberta, nem colchão. Era tão obediente, que tudo o que fazia debaixo dessa virtude era feito com a máxima prontidão e alegria. E na igreja de Santa Maria de Jesus é representado com um lírio na mão, simbolizando a pureza em que vivia. Prudente, justo, forte e dotado de temperança, espírito de penitência e oração, Benedito era devoto de São Miguel Arcanjo, São Pedro e São Paulo, São Francisco de Assis, Santa Úrsula e especialmente Nossa Senhora, a quem atribuía as maravilhas que operava.

7. ORAÇÃO CONCLUSIVA (cf. p. 24).

NONO DIA

1. SINAL-DA-CRUZ

Em nome do Pai, do Filho e do Espírito Santo. Amém.

2. ORAÇÃO INICIAL (cf. p. 13).

3. PALAVRA DE DEUS
Liberdade é conquista contínua

"O povo começou a queixar-se a Javé de suas desgraças. Ao ouvir a queixa, a ira dele se inflamou, e o fogo de Javé começou a devorar uma extremidade do acampamento. O povo gritou a Moisés. Este intercedeu junto a Javé em favor deles, e o incêndio se apagou. Esse local se chamou Lugar do Incêndio, porque aí o fogo de Javé ardeu contra eles. A multidão que estava com eles ficou faminta. Então os filhos de Israel começaram a reclamar junto com eles, dizendo: 'Quem nos dará carne para comer? Temos saudade dos peixes que comíamos de graça no Egito, os pepinos, melões, verduras, cebolas e alhos! Agora, perdemos até o apetite, porque não vemos outra coisa além desse maná!'. O maná era parecido com a semente de coentro e tinha aparência de resina. O povo se espalhava para juntá-lo e o esmagava no moinho ou moía no pilão; depois o cozinhava numa panela e fazia bolos, com gosto de bolo amassado com azeite. À noite, quando caía orvalho sobre o acampamento, caía também o maná" (Nm 11,1-9).

4. REFLEXÃO

Após o processo de libertação surgem as dificuldades e obstáculos que desafiam a coragem do povo para construir uma nova realidade. Nesse momento surge a tentação de se acomodar numa simples lembrança do passsado, onde a falta de liberdade era compensada pela possibilidade de consumir bens variados. Ser livre é uma conquista contínua, e a maior tentação é a de vender a liberdade "a preço de banana".

5. Ladainha de todos os Santos (cf. p. 16).

6. Conhecendo São Benedito

Em 1589 Frei Benedito adoece por duas vezes. Da primeira vez, contra todas as expectativas e a convicção do médico, cura-se, conforme profetizara. Na segunda vez, um mês depois, sofreu 29 dias seguidos. Conta-se que um dos frades presentes ao seu passamento, vendo o mouro de olhos fechados e imóvel, e julgando-o morto, acendeu uma vela e já ia colocá-la em suas mãos. "Meu filho, diz o santo, ainda não chegou a hora. Quando for a hora, eu aviso!". Morreu um pouco mais tarde, mansamente. Morto, começou a tumultuada ação sobre os seus despojos. Cumprindo sua vontade, Benedito foi enterrado logo, na vala comum, sem distinção de espécie alguma, e o povo todo estava ausente, pois havia uma festa muito popular nesse dia. Contudo, logo que soube, correram todos para o Convento de Santa Maria de Jesus, a 3 km de Palermo. Depois de um processo lento, longo e minucioso, foi canonizado em 1807. De Portugal, sua devoção chegou ao Brasil. E hoje é um dos santos mais populares de nossa terra, de norte a sul.

7. ORAÇÃO CONCLUSIVA (cf. p. 24).

ORAÇÕES
A SÃO BENEDITO*

1. São Benedito, filho de escravos, vós encontrastes a verdadeira liberdade servindo a Deus e aos irmãos, sem distinção de raça e cor. Livrai-me de toda escravidão, física ou espiritual. Libertai-me de todo vício, que escraviza o coração humano. Afastai qualquer sentimento de segregação racial e discriminação, que tanto humilha as pessoas, principalmente as mais humildes. São Benedito, amigo de Deus e de todo o mundo, concedei-me a graça que vos peço de todo o meu coração............................... Amém.

2. Glorioso São Benedito, grande confessor da fé, com toda a confiança venho implorar a vossa valiosa proteção. Vós, a quem Deus enriqueceu com os dons celestes, impetrai-me as graças que ardentemente desejo, para a maior glória de Deus. Confortai o meu coração nos desalentos! Fortificai a minha vontade, para cumprir bem os meus deveres! Vinde orientar-me nas horas decisivas da vida! Dai-me confiança nos desânimos e sofrimentos. Sede o meu companheiro nas horas de solidão e desconforto. Assisti-me e guiai-me na vida e na hora da minha morte, para que eu possa bendizer a Deus neste mundo e viver feliz na eternidade, com Jesus Cristo, a quem tanto amastes. Assim seja.

Rezam-se dez Ave-marias e um Glória ao Pai.

* Do livro *Falando com Deus - orações do povo*, Pe. José Dias Goulart, Paulus, São Paulo, 1993.

BENDITO
DE SÃO BENEDITO*

1. Meu São Benedito, sua manga cheira / de cravos e rosas, flor da laranjeira.

2. Que santo é aquele que vem no andor? / é São Benedito e nosso Senhor.

3. Meu São Benedito com Jesus menino / é santo de todos do amor divino.

4. Meu São Benedito é um santo preto / o que fala na boca responde no peito.

5. Meu São Benedito já foi cozinheiro / e hoje ele é santo de Deus verdadeiro.

6. Meu São Benedito, estrela do norte / guiai-me meu santo na vida e na morte.

7. Que Santo é aquele que vem lá de dentro? / é São Benedito que vai pro convento.

8. Que Santo é aquele que vem acolá? / é São Benedito que vai pro altar.

9. Que Santo é aquele que vem na estrada? / é São Benedito com sua congada.

10. Que Santo é aquele que vem na ladeira? / é São Benedito com sua bandeira.

11. Meu São Benedito vos peço também / que nos deis a glória para sempre amém.

* Do livro *Abra a Porta, cartilha do povo*, Paulus, Caxias do Sul, 1998.

SUMÁRIO

5	5 de outubro: São Benedito, o Santo Negro
11	Novena a São Benedito
13	Primeiro dia
26	Segundo dia
30	Terceiro dia
34	Quarto dia
39	Quinto dia
44	Sexto dia
49	Sétimo dia
53	Oitavo dia
58	Nono dia
63	Orações a São Benedito
66	Bendito de São Benedito